001

002

003

004

005

006

007

008

009

010

011

012

013

014

015

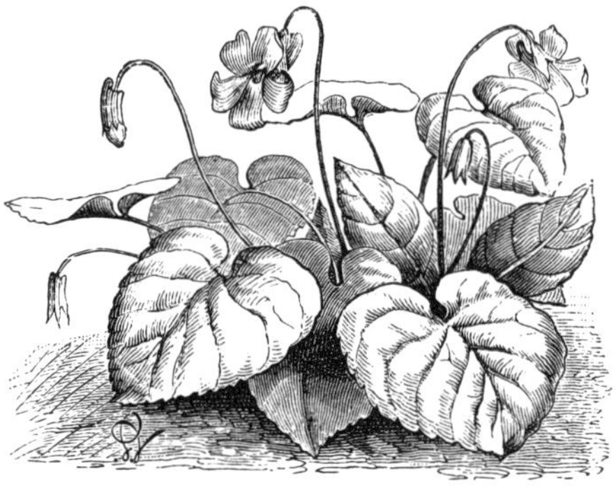

016

017

018

019

020

021

022

023

024

025

026

027

028

029

030

031

032

033

034

035

036

037

038

039

040

041

042

043

044

045

048

046

047

049

050

051

052

053

054

055

056

057

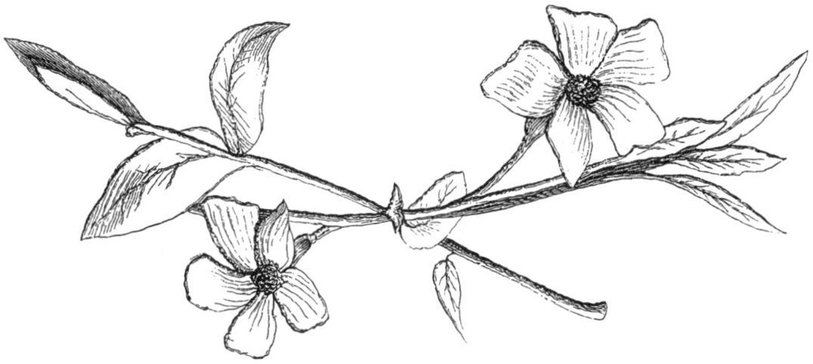

059

058

060

061

062

063

064

065

066

069

067

068

070

071

072

073

074

075

077

076

078

079

080

081

082

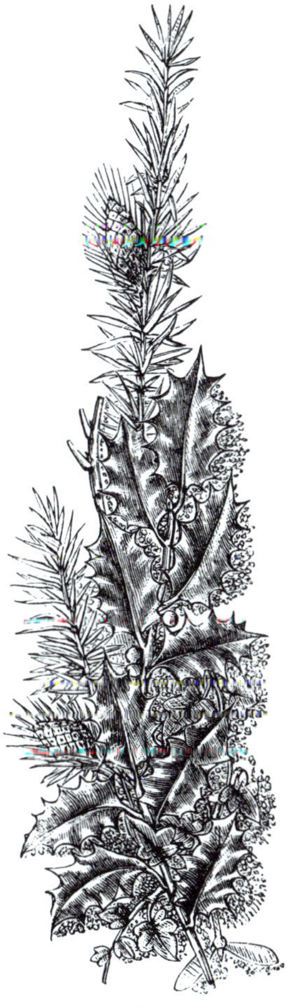

083

084

085

086

087

088

089

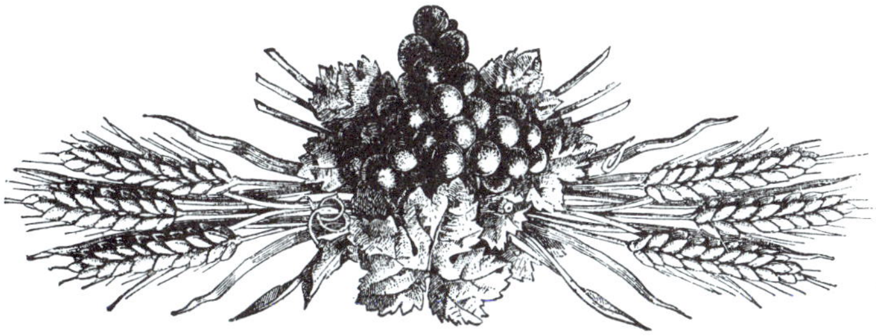

090

091

092

093

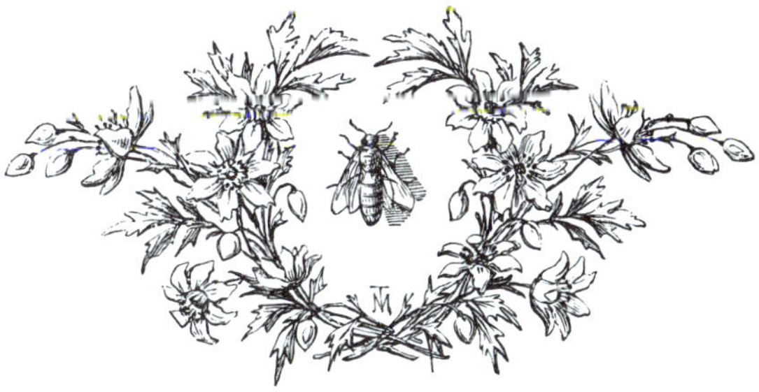

094

095

098

096

097

099

100

101

103

102

105

104

108

107

106

109

110

111

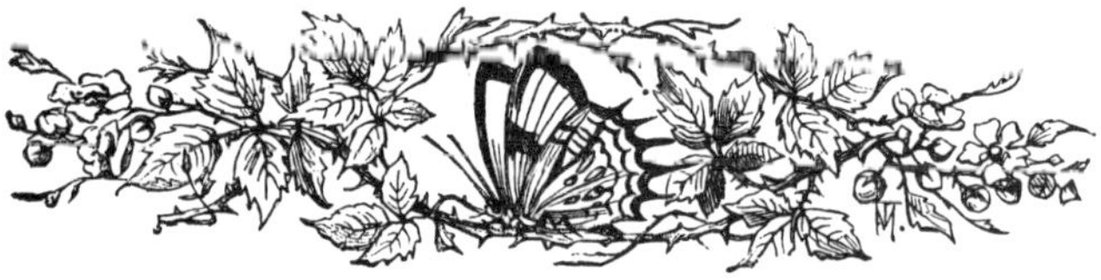

112

113

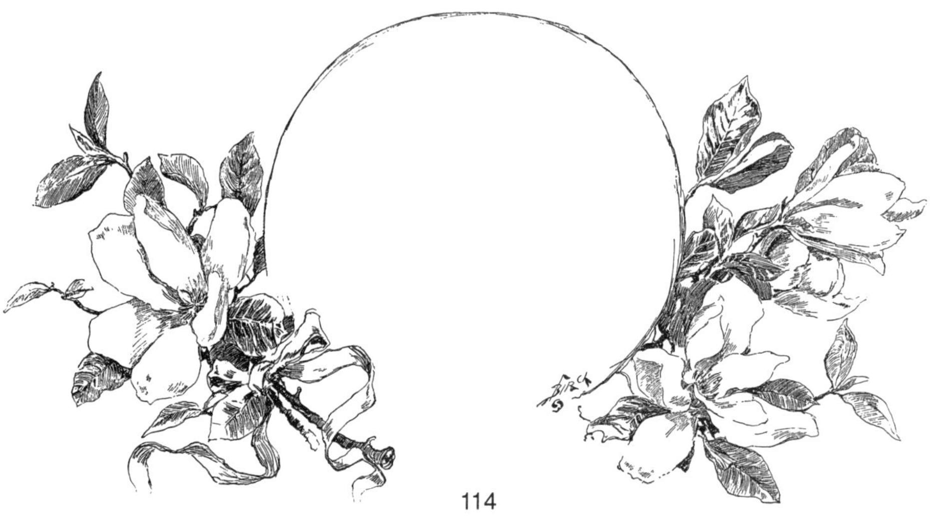

114

115

116

117

118

120

121

122

119

123

124

125

129

126

127

128

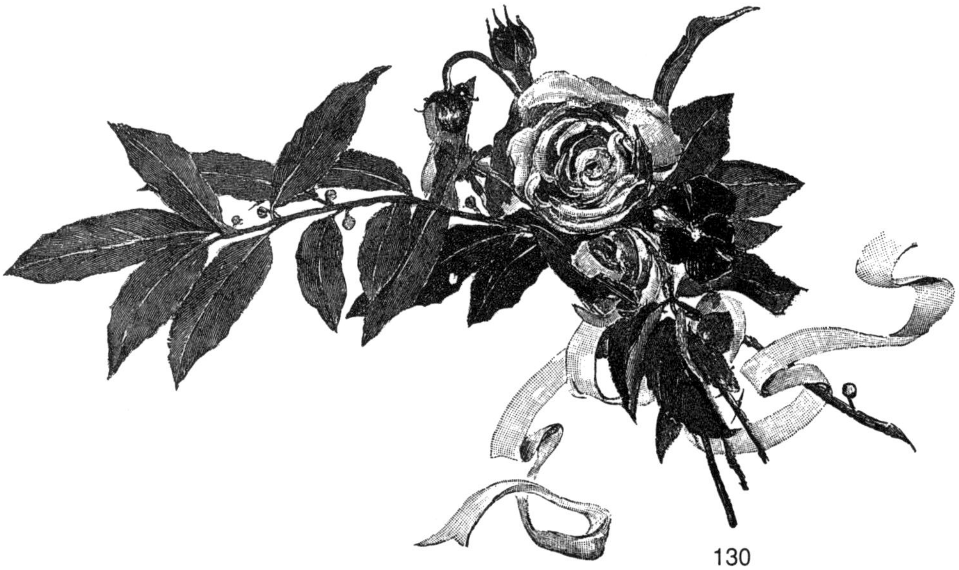

130

132

131

133

134

135

136

137

138

139

140

141

142

143

144

145

146

147

148

149

150

151

152

153

154

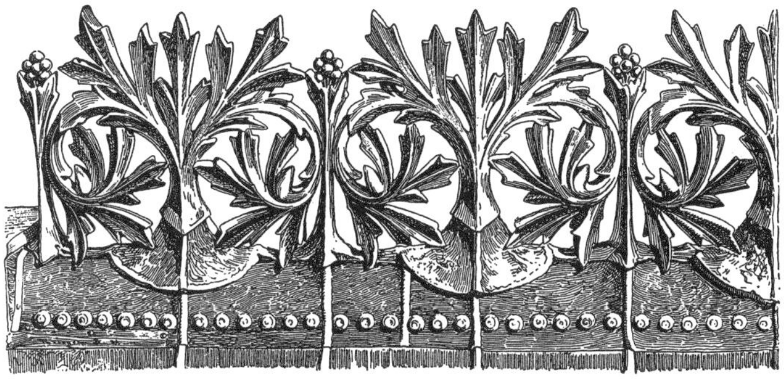

155

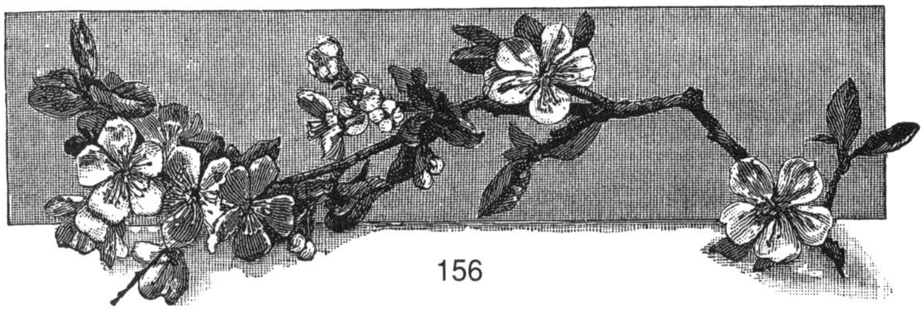

156

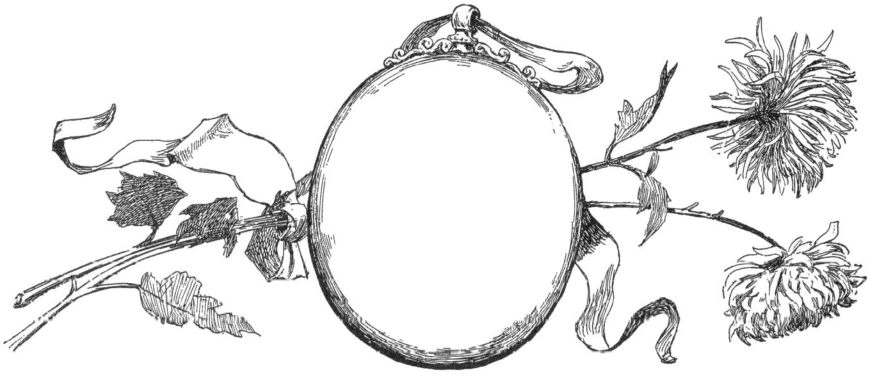

157

158

159

160

161

162

163

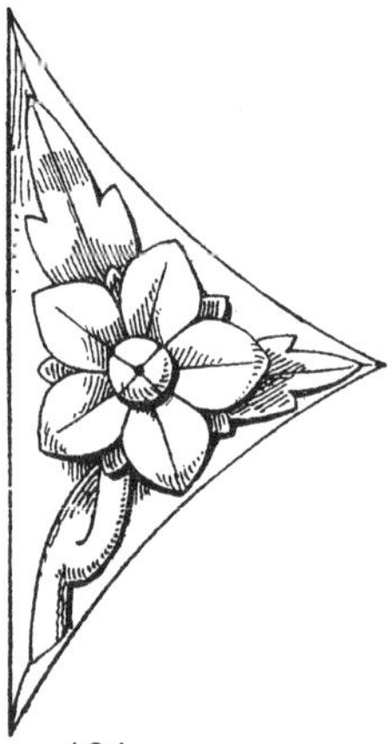

164

165

166

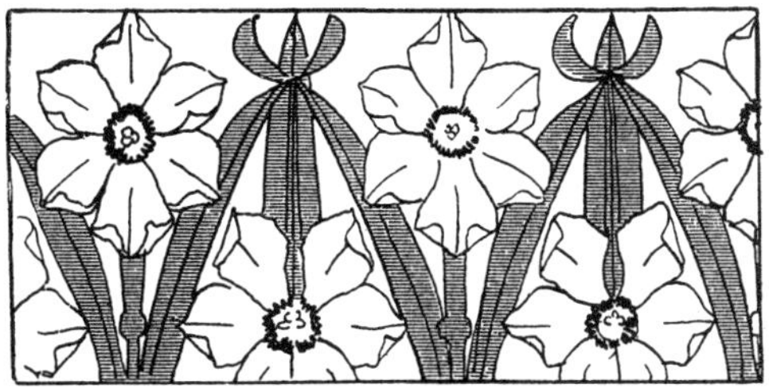

167

168

169

170

171

172

173

174

175

176

177

178

179

180

181

182

183

184

185

186

188

187

189

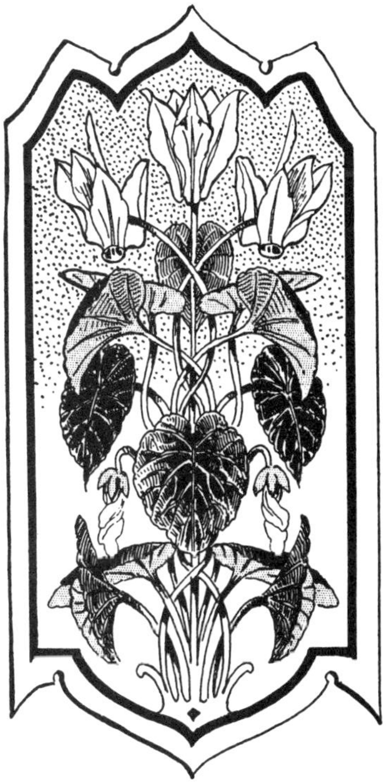

190

191

192

193

194

195

196

197

198

199

200

201

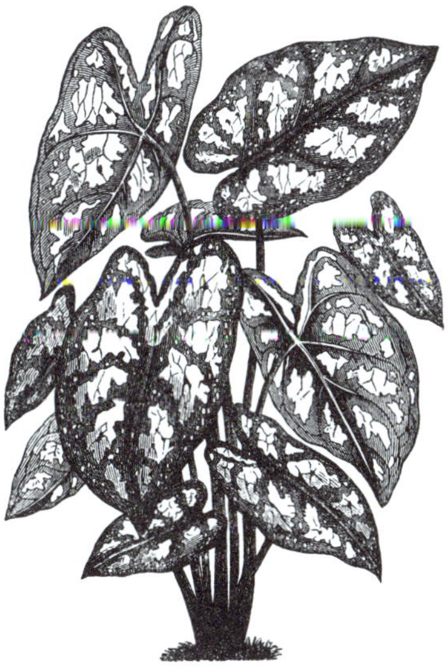

202

203

204

205

206

207

208

209

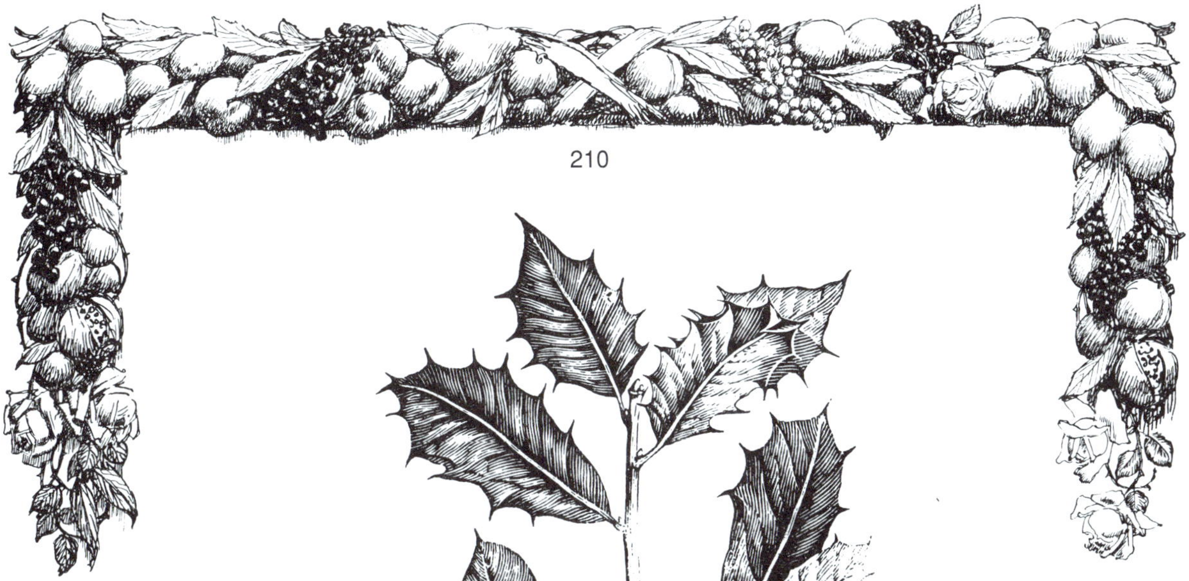

210

211

212

213

214

215

216

217

218

219

220

221

222

223

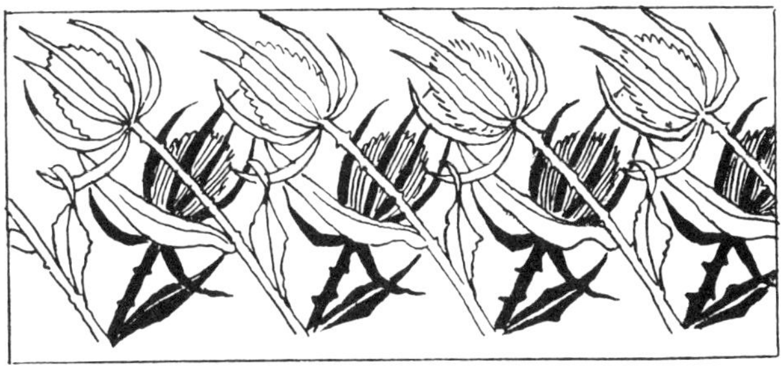

224

225

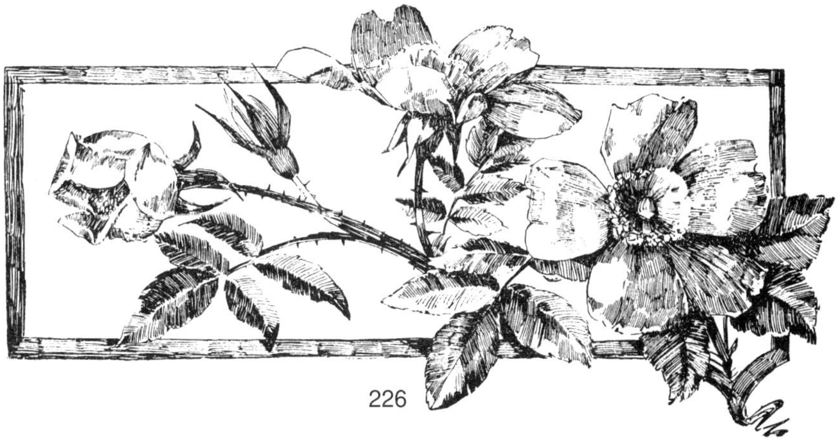

226

227

228

229

230

231

232

233

234

235

236

237

238

239

240

241

242

243

244

245

246

247

248

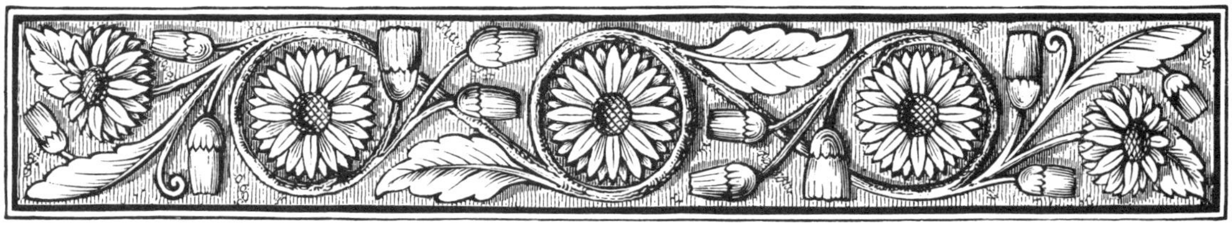

249

250

251

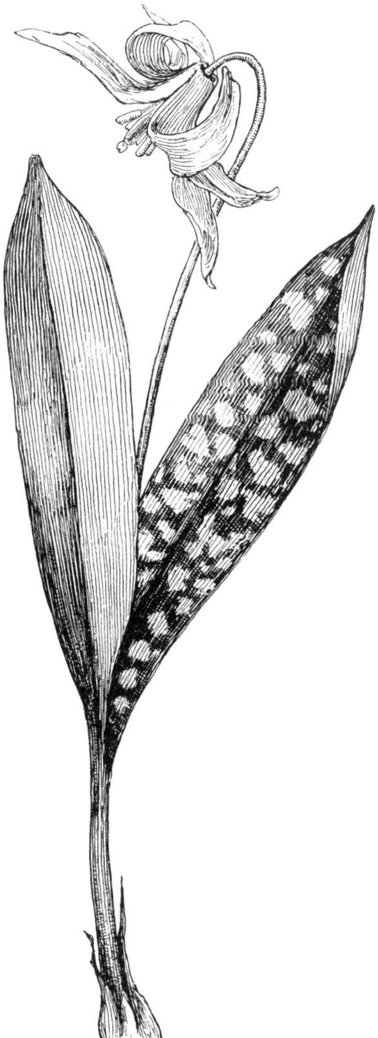

252

253

254

255

256

257

258

259

260

261

262

263

264

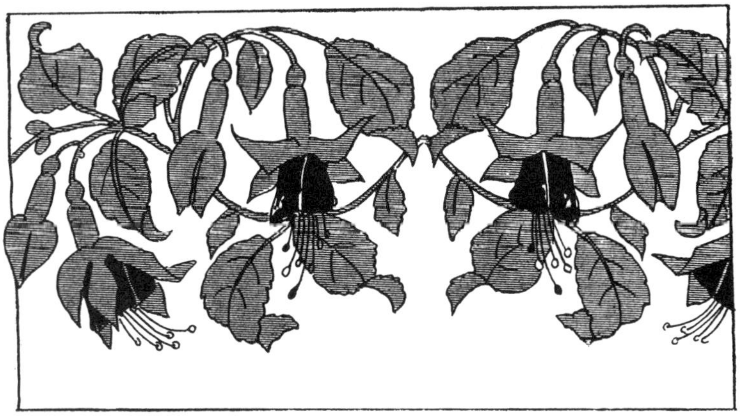

265

266

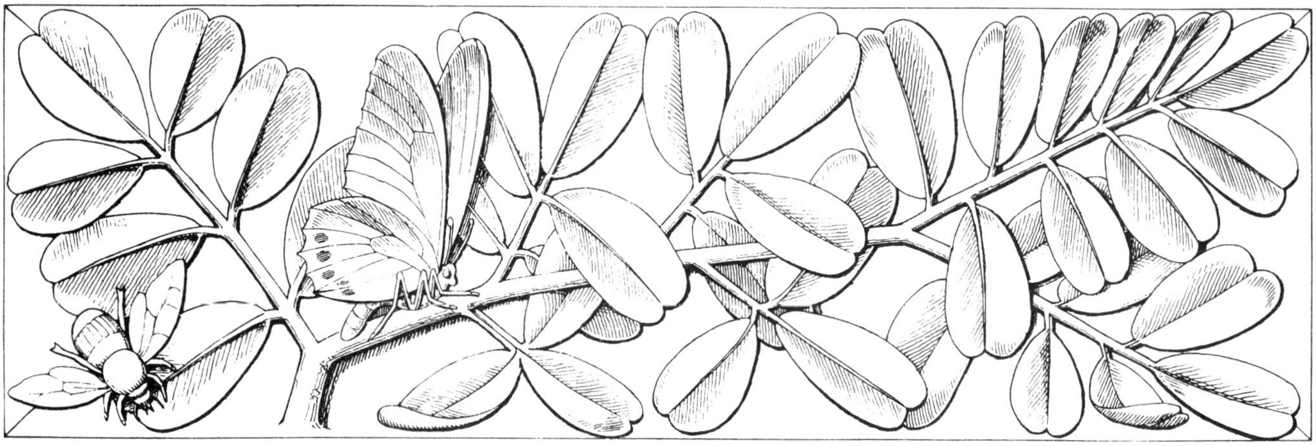

267

268

269

270

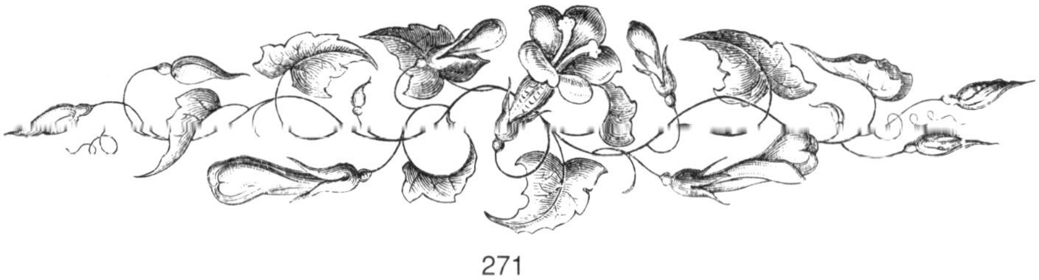

271

272

273

274

275

276

277

278

279

280

281

282

283

284

285

286

287

288

289

290

291

292

293

294